MW01247979

PEDRO CALDERÓN DE LA BARCA

EL DIVINO JASÓN

BARCELONA 2012
WWW.LINKGUA-DIGITAL.COM

CRÉDITOS

Título original: El divino Jasón.

© 2012, Red ediciones S.L.

e-mail: info@red-ediciones.com

Diseño cubierta: Mario Eskenazi

ISBN rústica: 978-84-9816-408-4.
ISBN ebook: 978-84-9897-219-1.

Cualquier forma de reproducción, distribución, comunicación pública o transformación de esta obra solo puede ser realizada con la autorización de sus titulares, salvo excepción prevista por la ley. Diríjase a CEDRO (Centro Español de Derechos Reprográficos, www.cedro.org) si necesita fotocopiar, escanear o hacer copias digitales de algún fragmento de esta obra.

El diseño de este libro se inspira en *Die neue Typographie*, de Jan Tschichold, que ha marcado un hito en la edición moderna.

SUMARIO

CRÉDITOS _____**4**

PRESENTACIÓN _____**7**

    La vida _____7

    Los autos sacramentales _____7

PERSONAJES _____**8**

ACTO ÚNICO _____**9**

LIBROS A LA CARTA _____**55**

PRESENTACIÓN

La vida

Pedro Calderón de la Barca (Madrid, 1600-Madrid, 1681). España.

Su padre era noble y escribano en el consejo de hacienda del rey. Se educó en el colegio imperial de los jesuitas y más tarde entró en las universidades de Alcalá y Salamanca, aunque no se sabe si llegó a graduarse.

Tuvo una juventud turbulenta. Incluso se le acusa de la muerte de algunos de sus enemigos. En 1621 se negó a ser sacerdote, y poco después, en 1623, empezó a escribir y estrenar obras de teatro. Escribió más de ciento veinte, otra docena larga en colaboración y alrededor de setenta autos sacramentales. Sus primeros estrenos fueron en corrales.

Lope de Vega elogió sus obras, pero en 1629 dejaron de ser amigos tras un extraño incidente: un hermano de Calderón fue agredido y, éste al perseguir al atacante, entró en un convento donde vivía como monja la hija de Lope. Nadie sabe qué pasó. Entre 1635 y 1637, Calderón de la Barca fue nombrado caballero de la Orden de Santiago. Por entonces publicó veinticuatro comedias en dos volúmenes y La vida es sueño (1636), su obra más célebre.

En la década siguiente vivió en Cataluña y, entre 1640 y 1642, combatió con las tropas castellanas. Sin embargo, su salud se quebrantó y abandonó la vida militar. Entre 1647 y 1649 la muerte de la reina y después la del príncipe heredero provocaron el cierre de los teatros, por lo que Calderón tuvo que limitarse a escribir autos sacramentales. Calderón murió mientras trabajaba en una comedia dedicada a la reina María Luisa, mujer de Carlos II el Hechizado. Su hermano José, hombre pendenciero, fue uno de sus editores más fieles.

Los autos sacramentales

Los autos sacramentales son obras religiosas de carácter alegórico representadas sobre todo en España y Portugal durante el Corpus Christi. Este género ocupa un papel muy interesante en la tradición teatral de Occidente, pues coexistió, antes de desaparecer, con una incipiente y cada vez más popular narrativa escénica interesada en los individuos, y en los sucesos mundanos.

PERSONAJES

Jasón, que es Cristo
Rey de Tinieblas, el Mundo
Hércules, San Pedro
Idolatría, Luzbel
Teseo, San Andrés
Medea, que es el alma
Argos, Amor Divino
Músicos
Orfeo, San Juan Bautista

ACTO ÚNICO

(Salen Jasón divino y Argos con muchos ojos sembrados por el vestido.)

Jasón   Argos, oye.

Argos   Soy Amor;
vigilante Argos seré,
y al mismo cielo daré
espanto con mi valor.
    Fabricaré de mi nombre
un peregrino bajel
que rompa ese mar, y en él
a los mortales asombre.
    Haré la primera nave;
sirena será esta vez;
no es medio cuerpo de un pez
ni es medio cuerpo de un ave,
    pero en las ondas y vientos,
ya nadando y ya volando
será un escollo, triunfando
de todos los elementos

Jasón   Levanta máquinas bellas
que den, para nombre eterno,
con la quilla en el infierno,
con la gavia en las estrellas.
    Nave será de Jasón,
que en el piélago profundo,
sobre las aguas del mundo,
que humanos trabajos son,
    contrastada se ha de ver,
y aunque borrascas padezca,
no habrá sirte que escurezca

su divino rosicler.
　　Con cien ojos mirar sabe
el amor, un Argos es:
fabrica esa nave, pues,
y da tu nombre a la nave.
　　Vete a fabricar, amigo,
que yo en esta amena playa
espero gente que vaya
a estas empresas conmigo.

(Vase Argos.)

　　Suenen parches y metales
en la región de los vientos;
los bélicos instrumentos
digan hoy a los mortales
　　las altas empresas mías,
inciten a la ocasión;
truenos mis palabras son,
que así las llama Isaías.

(Disparan.)

　　Hombres amigos de fama
y de gloriosos renombres,
a ser dioses, no a ser hombres,
esa voz que suena os llama.
　　Para una eterna conquista
hace un bajel mi Amor mismo,
águila que en ese abismo
ha de perderse de vista.
　　Contra Marte y contra Palas
las velas y jarcias mueve,
que, mariposa de nieve,

apague al Sol con las alas.

(Cantan dentro de la nave.)

Cantan
　　　　Entre las ondas del mar
　　　　parecen flores de Samos
　　　　en sus riberas estamos
　　　　con ocio a nuestro pesar.
　　　　　Ten sosiego y dulce calma,
　　　　¡oh, poderoso elemento!,
　　　　imagen del pensamiento,
　　　　que no sosiega en el alma.

Jasón
　　　　Dos valientes hombres veo
　　　　que asombro a los peces dan,
　　　　y en mi conquista serán
　　　　un Hércules y un Teseo.
　　　　　Venid; veréis un tesoro
　　　　que al amor mata de amores;
　　　　venid; seréis pescadores
　　　　del gran Vellocino de oro.
　　　　　Venid a mi voz, mortales,
　　　　si fama eterna queréis.
　　　　Héroes, venid y seréis
　　　　argonautas celestiales.

(Salen Hércules y Teseo, que son San Pedro y San Andrés, con una aspa y una llave grande Pedro.)

Hércules
　　　　Si significa Jasón
　　　　«quien da salud eminente»,
　　　　a tu voz vengo obediente,
　　　　que es lo mismo que «Simón».
　　　　　Ves aquí que ya dejamos,

11

Jasón divino, por ti
todas las cosas, y ansí
héroes tuyos nos llamamos.
    Ochenta y cuatro serán
los argonautas famosos
que te han de seguir dichosos
si a empresa difícil van.

Jasón   Doce serán este día
mis héroes; uno sois vos;
los otros setenta y dos
os han de hacer compañía.
    «Hércules» quiere decir
invencible, y si sois peña
vuestro nombre mismo enseña
que sois Hércules.

Hércules   Morir
sabré contigo, si importe:
piedra soy, y piedra fiel;
¡ea, Jasón!, tu bajel
salados piélagos corte.

Jasón   «Varón fortísimo» es
en lengua siria, Teseo,
y en el idioma hebreo
eso mismo suena Andrés.
    Siendo así, cualquiera nombre
destos dos te han convenido,
pues varón tan fuerte has sido.

(Tiende el bastón y queda en aspa.)

Teseo   Haré que Pirro se asombre

con este bastón cruzado,
que son mis armas. Con ellas
daré espanto a las estrellas,
daré al abismo cuidado.

(Enseña la maza con puntas.)

Hércules   Yo con esta clava fuerte,
que llave podré llamar,
abrir sabré, y aun cerrar
ya la vida, y ya la muerte.
    En las batallas y lides
de las sombras del infierno,
renombre y blasón eterno
tendrá la clava de Alcides.

Jasón   Todo el celeste hemisfero
tus honras han de temer,
porque teniente has de ser
del Atlante verdadero.
    Y ya que la voluntad
seguís del sacro Jasón,
decir quiero la intención
de mi conquista. Escuchad.
    En esos mares salados,
esos piélagos undosos,
ese imperio de cristal,
yacen las islas de Colcos.
Tiene su rey en la corte
unos jardines hermosos,
y en la copa de una planta
está el Vellocino de oro.
Guardando están su riqueza
dragones fieros y monstruos

porque es mágica Medea,
y aunque en el talle y el rostro
tiene hermosura gallarda,
a encantos se da de modo
que su voz ciñe los astros
que en ese rápido globo
de zafir, o ya son flores,
o diamantes luminosos,
y los montes más soberbios
que parece que en sus hombros
sustentan el cielo, tiemblan
de los rayos de sus ojos.
Esta, pues, hermosa y sabia
más que Circe, inspira a un toro
de metal mágico aliento,
con que da bramidos roncos
defendiendo el vellocino,
que ha sido el mayor tesoro
deste mundo; pero yo,
que volver no puedo al proprio
reino de mi padre y mío
sin conquistar los despojos
deste hermoso Vellocino,
trofeo maravilloso,
porque así me está ordenado,
desde agora me dispongo
a la fatal aventura
de aquellas islas, y como
nos impide el mar el paso
con sus altos promontorios
de cristal, Argos inventa,
porque es un hombre ingenioso,
una fábrica estupenda
que ha de penetrar los golfos

de espumas nunca pisadas,
sin que las ondas ni escollos
impidan su movimiento,
y de los airados soplos
de los vientos se recele
en su curso presuroso.
Argos llamaré a esta nave,
y, yendo en ella nosotros,
seremos los argonautas
celebrados y famosos,
por sendas que no anduvieron
humanas plantas, pues solo
es privilegio del pez
argentado y escamoso.
Esta es la historia y certeza
deste caso; mas vosotros
podéis atender agora
a lo oculto y misterioso
y al alma desta figura,
que no la penetran todos,
porque entre sombras confusas,
la verdad, que yo conozco,
está escondida, y así
el velo a su imagen corro.
El Vellocino excelente,
que entre los verdes pimpollos
de un árbol está guardado,
no es aquel que en el Esponto
navegó pasando a Frigia,
sino el alma por quien lloro
es de una oveja perdida
de mi rebaño dichoso,
vellocino de la oveja
que Job lamentó en los coros

de versos que a Dios hacía,
vellocino blanco y rojo
sobre quien cayó mi pluvia,
como en su himnos sonoros
dijo David, vellocino
que Gedeón temeroso
exprimió; Raquel hermosa,
porque «Raquel» es lo proprio
que oveja, y de su hermosura,
como Jacob me enamoro.
El árbol es el de Adán,
porque en sus ásperos troncos
encantada está mi oveja,
que allí perdió su decoro
y belleza, y ya la guardan
vicios, infiernos, demonios,
que he de vencer por ganarla,
para traerla en mis hombros.
Medea, que significa
«consejera y sabia en todo»,
la gentilidad ha sido,
que al rito supersticioso
de la mágica se entrega,
y a sus ídolos, que soplo,
humo, polvo y nada son,
se da el Vellocino de oro
desta oveja, y como yo
Jasón valiente me nombro,
que significa «el que sana»,
su salud a cargo tomo.
Amor, Argos vigilante,
que es lo mismo que Custodio,
la nave está fabricando,
de quien elegidos somos

para argonautas, la nave
que en los círculos redondos
de las ondas, ha de ser,
admirando los dos polos,
celeste pájaro, y nunca
vientos y rayos, aborto
de las procelosas nubes,
la podrán echar a fondo.
¡Ea, amigos!, naveguemos
a ese bárbaro y remoto
reino de la gran Medea.
Síganme Cástor y Pólux,
Juan y Diego, pues el uno
será el primero, y el otro
el último que ha de dar
resplandor majestuoso.
Venga el argonauta Orfeo,
el Bautista, que a los tronos
imita en la voz, parando
los tormentos rigurosos.
¡Ea, pues!, valiente Alcides,
que después serás piloto
de la nave, y tú, Teseo,
que con hilo prodigioso
penetrarás laberintos:
ya la nave tiene absorto
al mundo. A embarcar, amigos,
sin temer ondas, escollos,
Sirtes, Caribdis y muertes,
fieras, prodigios y monstruos,
persecuciones, tormentas,
mares, estrechos y golfos,
cosarios, encantos, furias
desatadas de los hondos

abismos, porque la gloria
se promete al animoso.

Hércules

¿Qué elocuencia ha de bastar,
gran Jasón, a responderte?
Los umbrales de la muerte
sabré vencer y pasar.

Teseo

Yo, como el primer planeta,
giros al orbe daré;
con tu luz penetraré
los laberintos de Creta.

(Sale Argos.)

Argos

Ya el bajel eterno y santo
la espalda del mar oprime,
y el hondo piélago gime
con el peso y el espanto.
    Fabricado está de suerte
que le verán firme y quedo
los relámpagos del miedo
y los truenos de la muerte.

Jasón

Caminos y rumbos largos
veloz penetrar deseo;
Jasón, Hércules, Teseo,
entran ya en la nave de Argos.

Teseo

Ya del rico Vellocino
pretendo hacer un tusón
de quien he de ser patrón.

Hércules

A embarcar, Jasón divino.

Jasón   Suenen cajas y clarines,
               que he de volver sin asombro
               con el Vellocino al hombro
               coronado de jazmines.

(Tocan cajas y clarines, y vanse, y salen Medea y la Idolatría.)

Idolatría   No hay cosa que no posea
                   tu inconstante voluntad,
                   ¡oh, sabia Gentilidad,
                   oh, doctísima Medea!
                       Pues ¿por qué tan triste vienes?
                   ¿Por qué gimes? ¿Por qué lloras?
                   Treinta mil dioses adoras,
                   reinos antárticos tienes,
                       si deste polo te escapas
                   tan oculto, que los hombres
                   ni penetraron sus nombres,
                   ni lo supieron los mapas.
                       Por mí tienes dedicado
                   a cualquiera cosa un dios;
                   amigos somos los dos,
                   mi mágica te he enseñado.
                       Sus caracteres obscuros
                   turbarán el firmamento,
                   y mancharás con tu aliento
                   los aires claros y puros;
                       desasidas, si me nombras,
                   verás las rubias estrellas,
                   de las imágenes bellas
                   bajar en pálidas sombras.
                       Perderá el Sol su belleza,
                   volará la firme roca,

porque tienes en la boca
segunda naturaleza.
En ese ameno jardín
tienes un rico tesoro,
que entre sus guedejas de oro
tuvo candor de jazmín.
¿Por qué eclipsas el semblante
con tanta melancolía?

Medea   Poderosa Idolatría,
de quien esclava y amante,
aunque soy reina, me nombro:
los dioses que reverencio
se han sepultado en silencio;
de sus ídolos me asombro;
los oráculos esconden
sus voces como difuntas,
y a mis curiosas preguntas
ni se mueven ni responden.
De sus aras han caído
estatuas de bronce y oro
de muchos dioses que adoro,
y así, pienso que he perdido
mi fuerza y sabiduría,
porque nubes de pesares
en las islas destos mares
llueven hoy melancolía.

Idolatría   ¿Junto a mi poder violento
temes mudables fortunas,
si yo sobre las colunas
del monte del Testamento
puedo hacer que te remontes?
Y si las rápidas alas

te faltaren, para escalas
pondré montes sobre montes.
     Canta, pues, provoca al sueño,
porque a tus párpados eche,
entre arroyuelos de leche
hoy márgenes de beleño.

(Sale el Rey, que es el mundo, de galán.)

Rey   ¿Cómo no ves en tus puertos
maravillas de otra zona,
si no es que como leona
duermes, los ojos abiertos?
     En ese mar cristalino,
porque tus glorias resuelva
en sus ondas, una selva,
un caos de lienzo y pino,
     una ciudad, un portento,
sobre montañas de nieve,
como otro cielo se mueve
con rápido movimiento.
     Auras y favonios son
los que sus alas animan,
para que las ondas giman
de verse ya habitación
     del hombre, que en las espumas,
como un águila eminente,
en el buche lleva gente
y rayos trae en las plumas.
     Por el oro que en la copa
de ese árbol sirve de flor,
anhela algún robador
como Júpiter de Europa.

Medea   ¿Cómo a cólera no tocas?
                 ¿Cómo Marte está dormido?
                 Algún monte se ha caído
                 sobre el mar; pinos y rocas
                     un ligero globo enlaza;
                 no vio tal prodigio el orbe.
                 ¿Cómo el agua no los sorbe
                 ni el viento los despedaza?

Idolatría   No vi bajel tan famoso
                 desde el tiempo de Noé,
                 pero aquella sombra fue
                 deste resplandor hermoso.
                     Hostias y Cálices son
                 los gallardetes que alcanza,
                 sus rumbos son Esperanza,
                 la Fe gobierna el timón.
                     Plumas son de los doctores
                 las velas que el aire mueve,
                 rizas como intacta nieve,
                 crespas como blancas flores.
                     Cuando las alas despliega
                 divinos misterios obra.
                 ¿Cómo no tiembla y zozobra,
                 si ondas de sangre navega?
                     Viento la mueve felice:
                 sin duda debe de ser
                 la nave del mercader
                 que en los Proverbios se dice.
                     ¡Ah, nave! Viven los cielos,
                 que con mis tremendos brazos
                 tu quilla he de hacer pedazos
                 entre sepulcros de hielos.
                     Dando horrores, dando grima

desatando Austros y Notos,
anegaré sus pilotos
y pondré el Olimpo encima.

(Aparece la nave con chirimías, y en ella Jasón, Hércules, Teseo y Orfeo, que es el Bautista, como le pintan, con sus pieles.)

Hércules   Tierra nos muestra un celaje;
¡tierra, tierra!, gran Jasón;
las islas bárbaras son.

Teseo   Felice ha sido el viaje
hasta agora.

Jasón   En la ribera
deste piélago profundo,
el Rey deste nuevo mundo
con sus encantos espera.
    Cástor, Pólux, Juan y Diego,
hijos de trueno os decís,
buen Erges sois, si venís
para dar bombas de fuego.
    Haced a la tierra salva,
porque mi celo la avisa
de que ha llegado la risa
en las lágrimas del alba.

(Hacen salva dentro.)

Rey   Hombres nacidos del mar,
pescadores o marinos
monstruos que en varios caminos
las ondas sabéis surcar.
    ¿Dónde vais? ¿Qué es vuestro intento?

Medea	Si es de vosotros alguno
	el poderoso Neptuno,
	majestad dese elemento,
	si sois acaso tritones
	que las frentes inmortales
	ceñís de rubios corales,
	en las húmedas regiones
	dese mar ¿qué nos queréis?
Idolatría	Atrevidos navegantes,
	que en los soberbios gigantes
	desos escollos vencéis,
	¿qué luz, qué norte, qué estrella,
	sendas y rumbos os dice,
	pues yo mismo no las hice,
	con ser la imagen más bella
	que de sí dejó memoria
	en los celestes despojos,
	cuando por cerrar los ojos
	no vi un átomo de gloria?
Hércules	De paz venimos; no asombre
	el veloz y errante leño:
	el gran Jasón es su dueño,
	salud promete su nombre.
Idolatría	Griegos sois, hombres famosos,
	que es vuestro renombre, en fin,
	en hebreo Ojebaín,
	que es lo mismo que engañosos.
	Tierra no habéis de pisar;
	no tocaréis las arenas.
	Sed delfines, sed sirenas;

sea vuestro centro el mar.
     Rey famoso, rey inmenso,
turba esos serenos mares,
pues que yo te erijo altares,
pues yo te derrito incienso.

Rey   Desatados huracanes
la nave han de deshacer
en el puerto; mi poder
temblaron ya los titanes,
     cuyos bárbaros excesos
una montaña eterniza,
que es urna de su ceniza,
pirámide de sus huesos.

(Vase.)

Jasón   No podrán prevalecer
los encantos del infierno
contra este bajel, que eterno,
a tu pesar ha de ser.

Hércules   Ya, Jasón soberano,
en montañas de espuma miro cano
este reino de plata,
porque el abismo su furor desata;
ya con fuerza más grave
soplan los vientos que batió la nave,
naufragios nos promete.

Teseo   ¡Amaina la mayor, iza el trinquete!

Hércules   Al cielo casi sube,

estrella es el farol, el bajel nube,
ya en las aguas se mete.
¡A la braza!

Teseo   ¡A la escota!

Orfeo   ¡Al chafaldete!

Jasón   Pequeña fe es la vuestra:
en las borrascas el valor se muestra
de esta nave sagrada
que será perseguida y no anegada.
Medea, a tus pesares,
este leño, blasón de tantos mares,
arribará a tu puerto.

(Sale el Rey.)

Rey   Aunque soy inmortal, vencido y muerto
del Jasón soberano
vuelvo a tus ojos: todo encanto es vano.

Argos   Ya el agua está serena,
pedazos de coral sobre el arena
da; el céfiro süave
con pompa y majestad mueve la nave
porque triunfar se vea.

Jasón   Danos puerto de paz, sabia Medea.

Idolatría   Los pensamientos son vanos,
de ese bajel; antes que entre
tanto cadáver encuentre
que encalle en cuerpos humanos.

Maximinos y Trajanos
y Nerones son, sangrientos,
los que han de inventar tormentos,
dando las vidas incautas
de tus viles argonautas,
púrpura a dos elementos.
   Por cabezas, brazos, piernas,
toros de bronce y parrillas,
zarparán remos y quillas
que en esa nave gobiernas.
No pienses que son eternas
las hazañas con que pasas
ese mar.

Jasón   Dóricas basas
de mi edificio supremo
son esas furias; no temo
cuchillos, cruces ni brasas.
   Tocad a desembarcar.

Idolatría   Tocad al arma vosotros.

Jasón   ¿Quién será contra nosotros?

Medea   Esas fieras y ese mar.

Hércules   De Jasón han de temblar.

Rey   Mi poder ha conocido.

Teseo   Dos veces serás vencido.

Idolatría   Asombro soy de la tierra.

(Suena ruido como de truenos y tempestad con tiros.)

Jasón   Toca al arma.

Hércules   ¡Guerra!

Idolatría   ¡Guerra!

Jasón   Ya el iris bello ha salido.

(Ponen un arco de colores con una Cruz en la proa de la nave, y vanse tocando al arma los del bajel, y los de abajo tocan cajas y clarines y luego chirimías. Quédase la Idolatría.)

Idolatría   Pasó la tempestad; ya está serena
                          la esfera de ese mar que daba espanto,
                          ya es timbre, ya es corona de la entena
                          el arco de la paz, el Iris santo.
                          ¿Cómo no turba al Sol mi ardiente pena,
                          cuando los cuellos de rubí levanto?
                          ¡Ay, arco celestial, de tus colores
                          tienes cifrados todos mis rigores!
                              El pálido color a mí me alcanza,
                          pues mirando esa imagen desespero;
                          en lo verde consiste la esperanza
                          del linaje que fue polvo primero,
                          en lo rojo se ve la confianza
                          de la púrpura y sangre del Cordero
                          que a la Pascua de Dios abrió el camino
                          puesto en la mesa del Fasé divino.
                              Si el arco de colores, crespo y rizo,
                          la antigüedad llamó sagrada puente
                          que en la vaga región Júpiter hizo
                          para pasar del Sur al Occidente,

como esa Cruz es arco, es pasadizo,
por quien llega al Impíreo con la frente,
a mi pesar, el corazón humano,
una vez casi Dios y otra gusano.
  Los senos del infierno están temblando
del Iris celestial de esa Cruz bella;
ya Moloc y Esaú gimen llorando.
¡Que nazca de dos palos una estrella!
Pedazos te he de hacer. Mas ¿cómo o cuándo,
si átomos inmortales atropella?
Tus rayos me deslumbran. Soles fueron;
ya las estatuas de Betel cayeron.

(Salen por la otra puerta Jasón y los suyos, y por la otra Medea, y quédase la Idolatría a la puerta.)

Jasón	Como en sus playas me vea ella me ha de recibir.

Medea	Amor le pienso fingir. Hoy sabrán quién es Medea.

Jasón	Salve, reina poderosa. Golfos penetré por ver tan soberana mujer, tan gentil y tan hermosa; como blanca mariposa vengo a amarte, vengo a verte, que eres luz, y luz de suerte que al Fénix del cielo igualas, y, ansí, batiendo las alas, enciendo mi propria muerte. Codicia de tus imperios no me trae en esa nave

que, émula inmortal del ave,
vuela por dos hemisferios.
Por ondas de vituperios
llegué a tus rayos sutiles
que están produciendo abriles.
Tengo esposa, diome enojos,
y yo dejaré sus ojos
por esos ojos gentiles.

Flor serás de maravillas,
tu aliento será de aromas,
tus ojos serán palomas,
y tus hermosas mejillas
serán bellas tortolillas.
Pondréte dos arracadas
y dos murenas doradas,
y serán, para ser bellos,
tu dientes y tus cabellos,
ovejas recién lavadas.

Medea

Pensaba fingir amores
y ya verdaderos son.
Tú eres divino Jasón;
ya han aparecido flores
en mi tierra, y sus olores
dan las viñas florecientes;
cristal brotaron las fuentes
para que beban las almas,
y tus cabellos son palmas
nacidas a sus corrientes.

Sombra es el rico tesoro
que ves en aquel manzano,
del resplandor soberano
de Jasón, a quien adoro.
La cabeza tienes de oro,

y respirando azucenas,
son tus hermosas melenas
como palmas relevadas.
Las manos son torneadas,
y están de jacintos llenas;
   tuya soy, a ti te quiero;
regaladme ya con flores,
que estoy muriendo de amores
deste Jasón verdadero.
Digo que de amores muero;
tuyo será el Vellocino
que buscas, Jasón divino,
y aunque no soy tan hermosa
como tu primera esposa,
más lo he de ser, imagino.

Jasón   Destierra esa Idolatría;
de tu reino la has de echar,
para que pueda alumbrar
sus engaños la luz mía.

Medea   Poco a poco vendrá el día
de mi paz y mi sosiego.

Idolatría (Aparte.)   (Amores finge; yo llego,
y si verdaderos son,
exhale mi corazón
montes de hielo y de fuego.)

Hércules   ¿Cómo quieres desposarte,
señor, con una gentil,
encantadora sutil,
vana idólatra de Marte?

¿Tu nave quieres pasar
a estos reinos, a estos climas?
¿Tu antigua esposa no estimas,
o la quieres repudiar?

Jasón

Yo te quiero responder.
Come de aquellos dragones.

Hércules

Duro precepto me pones.
¿Cosa inmunda he de comer?

Jasón

No es lo que yo santifico
cosa inmunda, cosa fea.
Seré esposo de Medea
porque el Vellocino rico
    es timbre de mis coronas,
y es de Isaac la bendición.

Hércules

Ya digo que no es Jasón
aceptador de personas.

Medea

Sentémonos, mi Jasón,
y de las auras gocemos
que han hecho de argentería
flores y hojas de esos huertos.

Jasón

Sentémonos, que contigo
pretendo estar muy de asiento.

Medea

Un ramillete he de hacerte
en mis jardines amenos.

Teseo

Uno quiero hacer agora

de flores y de misterios,
porque lo des a la esposa
que tuya ha de ser.

Jasón   Y presto.

Teseo   Ahora bien, todos los seis
mudar los nombres debemos;
Jasón se llame Jesús,
o Salvador, que es lo mesmo;
Medea se ha de llamar
Gentilidad, y tú, Orfeo,
Juan te llamarás, que es Gracia,
y eres tú la voz del Verbo.
La Idolatría se llame
Engaño, y Hércules Pedro,
y Andrés mi nombre será,
aunque me llaman Teseo.
Cada cual nombre una flor
de color hermoso y bello
para hacer el ramillete.

Medea   Por la esperanza que tengo,
y para dar a las flores
orla hermosa, elijo trébol:
el color verde es el mío.

Hércules   Por la fe que tener debo,
nombro jacintos azules,
flores de color de cielo.

Orfeo   Jazmines serán mis flores,
porque lo blanco y lo terso,
que significa pureza,

es el color que profeso.

Idolatría

Mis flores son clavellinas,
que son de color sangriento,
porque de la sangre humana
derramar abismos pienso.

Jasón

Pues violetas son las mías,
que el color morado es, cierto,
símbolo de amor, y amor
mi atributo será eterno.

Teseo

Pues en oyendo su nombre
cada cual repita luego
el que agora impuse, y cuando
se nombraren discurriendo
las flores, también repitan
los colores que eligieron;
el que errare ha de pagar.

Jasón

Juan y yo ¿cómo podemos
errar?

Teseo

No ha de haber errores
donde todos son aciertos;
empiece mi ramillete
repitiéndose primero
cómo en esa hermosa nave
argonautas verdaderos
a estas islas han pasado,
y viéndolos en el puerto
Medea...

Medea

Gentilidad.

Teseo	...con furioso y bravo aspecto recibió al grande Jasón...
Jasón	Salvador.
Teseo	...cuyos deseos son del Vellocino de oro, y así con Hércules...
Hércules	Pedro.
Teseo	Desembarcó en la ribera, y llamando al dulce Orfeo...
Orfeo	Juan.
Teseo	...ya, cuya voz sonora, aunque voz dada en desierto, dice que es la idolatría...
Idolatría	Engaño.
Teseo	Y es el efecto de la idolatría...
Idolatría	Engaño.
Teseo	De modo que conocemos que es la idolatría...
Idolatría	Engaño.

Medea	Si tú con tus labios mesmos tres veces has confesado que eres engaño, no quiero seguirte más, fiero monstruo. ¡Oh, cómo ya te aborrezco!
Idolatría	Con engaño me han cogido. ¿Estas son veras o juego?
Teseo	Digo, pues, que en los jardines que vencen a los Hibleos, la flor jacinto...
Hércules	Jacinto.
Teseo	...nos mostró la fe y el celo, y en los hermosos jazmines...
Orfeo	Jazmines.
Teseo	...los hombres vieron la caridad en que Dios unido se ve con ellos por el trébol.
Medea	Trébol.
Teseo	Muestra la esperanza dulce afecto, y la morada violeta...
Jasón	Violeta.
Teseo	...su amor inmenso.

Muestra el clavel encarnado,
clavel, clavel...

Medea   ¿Qué silencio
es el tuyo, Idolatría?

Idolatría   No haré cosa de provecho;
turbada estoy, cuanto más
que un color solo no tengo,
pues tantos dioses adoro
que aun las flores del Himeto
su número no igualaron:
¿cómo he de estar atendiendo
a un clavel?

Teseo   Paso adelante,
que tú pagarás los yerros
después; digo que las flores
significados diversos
tienen de muchas virtudes,
con que el regalo prevengo
de la esposa en su esperanza,...

Medea   Verde.

Teseo   ...que el amor eterno...

Jasón   Morado.

Teseo   ...llevó a Jasón...

Jasón   Salvador.

Teseo
... por los inciertos
campos del mundo, mostrando
su caridad...

Orfeo
Blanco.

Teseo
...y puesto
entre tormentos y azotes,
faltando la voz de Orfeo...

Orfeo
Juan.

Teseo
...coronado le vimos
de espinas y juncos fieros,
no de jacintos... jacintos,
flores azules...

(Duérmese Pedro, que es Hércules.)

Jasón
¿Durmiendo
estás agora? Despierta,
Hércules, amigo Pedro.

(Despierta turbado.)

Hércules
Azules.

Teseo
Tardaste.

Hércules
Erré,
porque si en lo azul tenemos
cifra de la fe, y la fe
me faltó cuando al Maestro
le coronaban de espinas,

descuido y error confieso.

Jasón	Pues llorar en penitencia.
Hércules	Seré Heráclito perfecto.
Teseo	Digo que el tálamo hermoso de la esposa, está compuesto de los jazmines...
Orfeo	Jazmines.
Teseo	...y del tierno trébol...
Medea	Trébol.
Teseo	... y de violetas...
Jasón	Violetas.
Teseo	...y asistiendo Hércules...
Hércules	Pedro.
Teseo	...Medea...
Medea	Gentilidad.
Teseo	...será la esposa, y Orfeo...
Orfeo	Juan.
Teseo	...será voz de Jasón...

Jasón	Salvador.
Medea	¡Qué dulce acento!
Teseo	...porque ansí la Idolatría...
Idolatría	Por ahora está en silencio.
Teseo	Y aun vencida y desterrada, porque las mesas se han puesto para celebrar las bodas, donde da el esposo mesmo su cuerpo y sangre en manjar, porque es celestial cordero, y aquí la esperanza...
Medea	Verde.
Teseo	...la fe descubre, y el celo...
Hércules	Azul.
Teseo	...con la caridad...
Orfeo	Blanco.
Teseo	...que es blanco perfecto de amor.
Jasón	Morado, morado.
Medea	Dos veces lo dijo: exceso.
Jasón	Es verdad que exceso ha sido

40

del amor, el dar mi cuerpo
en manjar. ¿Tú me acusaste?

Medea   No, señor, que ya lo creo.

Teseo   Finalmente, el ramillete
otras virtudes ha hecho
teologales: la fe,...

Hércules   Azul.

Teseo   ...la caridad,...

Orfeo   Blanco.

Teseo   ...y luego,
en el bautismo divino,
que es el Jordán verdadero,
renace vuestra esperanza...,
esperanza...

Jasón   Esposa, presto
di verde.

Medea   Si ese bautismo
me hace tuya y no lo tengo,
¿qué mucho que no responda?
¿Qué es la pena que merezco?

Jasón   Yo la pagaré por ti.

Medea   ¿No ha errado Juan en el juego?

Jasón   No, que está santificado.

Medea	Pues, dulce esposo, ya es tiempo de ganar el Vellocino; el jardín está en silencio, sueño a esas fieras infunde.
Jasón	Los dragones y tormentos pasaré por tus errores.
Medea	Ya aqueste monstruo, que feo me parece, ha de salir desterrado de mis reinos. Vete de aquí, pues erraste.
Idolatría	Iréme a infundir veneno a esos dragones y fieras.

(Da voces.)

      ¡Rey del Aquilón soberbio,
      rey de Colcos, que te roban
      los tesoros de tus huertos!

(Vase.)

Jasón	Medea, yo he de ser contigo Isaac, tu bendición te da Melquisedec.
Medea	Pobre y humilde soy; seré Lamec si hasta ahora fui rayo, fui Barac.
Jasón	Un gigante en mi amor es un Enac.
Medea	Y yo te llamaré Imihen Lidec.

42

Jasón	Bien dices, porque soy Abimelec.
Medea	Pedazos haré al ídolo Balac.
Jasón	Tiemble Idumea ya, tiemble Moloc.
Medea	Medea no he de ser, ya soy Naín.
Jasón	Sí, porque justo soy, y soy Sadoc.
Medea	Dale tu diestra, pues, a Benjamín.
Jasón	A ti se ha dedicado como Enoc.
Medea	Salve, sagrado Abel.
Jasón	Salve, Efraín.

(Sale el Rey y la Idolatría.)

Rey   ¿A mis jardines se atreven
esos que argonautas nombras,
y que las mortales sombras
entre las aguas no beben?
   Defender pienso la entrada;
llega fuerte, Idolatría,
sube, compañera mía,
al desierto desta grada.

(Súbense en unas gradas hacia el árbol.)

      ¿Dónde vas, Jasón famoso,
con viaje tan prolijo?

Si eres deidad, si eres hijo
de Júpiter poderoso,
    pues quieres mi Vellocino
haz que se vuelvan en pan
esos peñascos que están
impidiéndote el camino,
    y en ese mar de reflejos
esa nave podrá ser
la nave del mercader
que lleva pan desde lejos.

Jasón   Con la palabra de Dios
y no con pan solamente
vive el hombre.

Idolatría   Él es valiente;
vencidos vamos los dos.

Rey   No a ganar mi Vellocino
tu espíritu se remonte;
arrójate de ese monte:
tus héroes en el camino
    te recibirán.

Jasón   Al cielo
no se ha de tentar. Son vanas
tus fuerzas.

Rey   Esas manzanas
de oro, que penden al suelo,
    y este tesoro de nieve
te daré, si nos adoras.

Jasón   Bárbaro, ¿mi ciencia ignoras?

Solamente a Dios se debe
la adoración, a quien Santo
espíritus encendidos
llamaron.

Idolatría   Somos vencidos;
acudamos al encanto
de las muertes y tormentos.

(Vanse el Rey y la Idolatría por alto.)

Hércules   ¡Ea, señor!, que aquí estamos
y en la lid te confortamos;
estrellas cubren los vientos.

Jasón   Orfeo, pasa adelante;
prevénme, Juan, el camino.

Orfeo   Lucero del Sol divino
y estrella he de ser errante;
tu precursor he de ser.
Sube a ganar el tesoro;
con el Vellocino de oro
tus héroes han de volver.
Monstruos y fieras, ¿qué hacéis?
Este sí es Jasón divino;

(Señálale.)

mejor es su vellocino;
Cordero es este que veis.
Los tuyos siguiendo vamos
tus pisadas, Jasón fuerte;
no ha de espantarnos la muerte.

45

(Van subiendo donde estará un árbol con manzanas de oro, y en la copa el Vellocino, que es una corderilla blanca, y al pie del árbol un dragón y un toro y otros animales, que bramen y se meneen horribles.)

Jasón

Ya en la lid última estamos;
   los leones y dragones
he de hollar, que ansí lo dijo
aquel Rey de quien soy hijo.
Muertes, tormentos, pasiones,
   dejad que gane el vellón
de la oveja que perdí;
con esta espada vencí,

(Saca una espada que es una cruz.)

porque en nombre de Jasón
   o Jesús, han de temblar,
aunque es nombre dulce y tierno,
el cielo, el mundo, el infierno,
y los cóncavos del mar.
   Oveja, que eres tesoro
del Vellocino dorado,

(Alcanza el cordero del árbol y las fieras bramen y menéense.)

¡oh, cuánto tú me has costado!
De placer y gusto lloro;
   seré esta vez buen pastor:
todo en mi nombre se entiende,
y en Jasón se comprehende
ser médico y salvador.

Teseo

Tuyos los trofeos fueron;

                           quede en eterna memoria
                           tan eminente victoria.

Todos   Los argonautas vencieron.

Teseo   Y yo en tu nombre, Jasón,
                           con parte del Vellocino
                           que ganó tu ser divino,
                           me pongo aqueste tusón.

(Pónesele en el pecho como tusón.)

                               Vean pendiente en mi cuello
                           que he sido en esta conquista
                           águila de eterna vista
                           deste Vellocino bello
                               que asombro del mundo es;
                           orden de caballería
                           la ha de hacer la fuerza mía.
                           Teseo soy, soy Andrés.

(Toma Jasón el cordero a Teseo, y pónelo al hombro.)

Medea   Agora sí, salvador,
                           llamar a Jasón podemos.
                           Cantemos tonos, cantemos
                           la gala del vencedor.

Cantan   Para dalle nueva vida
                           y dar al infierno asombro,
                           lleva Jasón en el hombro
                           el rico vellón de la oveja perdida.

(Bajan mientras cantan, y ciérrase la apariencia, y luego suben a la nave cantando, y sale la Idolatría.)

Idolatría

A esa católica nave
hablar quiero desde aquí,
para que sepan que tengo
belleza de querubín.
Argonautas naufragantes
en ese piélago; oíd
que a batalla os desafía
el inmortal Baharín.
En el estrellado trono
donde Dios quiso asistir,
hermoso más que los cielos
de su palabra nací.
Entre nueve jerarquías
fui más alto serafín,
y ufano con mi hermosura
quise con Dios competir.
Mas levantóse atrevido
Miguel, diciéndome: Quis
sicut Deus?; tocó al arma
un estupendo clarín:
la batalla fue sangrienta.
Cielos, si lo fue decid;
vuestras colunas temblaron,
y el que agora es mi cenit,
por la sangre de un Cordero
cuya bella imagen vi.
Venció la parte contraria
y al caer estremecí
los abismos y los cielos,
donde me llamé Naín.
Vengar quise mis afrentas

en la mujer, que feliz
le coronaban la frente
flores de Ebdón y Sanir.
Gozaba dichosa paz
en un hermoso jardín
el hombre, recién formado,
gallardo, sabio y gentil,
amante de su mujer,
cuya blancura el jazmín
envidiaba, cuyos labios
eran clavel carmesí.
Comed, señora, le dije,
si inmortal queréis vivir,
y veréis cómo en la ciencia
con vuestro Autor competís.
Esta manzana teñida
de la gualda y del carmín,
da eterna sabiduría:
como Dios seréis ansí.
Vencíla, comió, y alegre
en un hermoso terliz
de rosas y hierbas, puso
la fruta que yo le di.
Convidó con ella a Adán;
era tierno, amaba, en fin.
Comió della, conocióse,
lloró luego y yo reí.
Echólos del Paraíso
su Señor, y un querubín
con una espada de fuego
los dejó por guarda allí,
y maldiciéndome, dijo:
«Enemistad entre ti
y la mujer habrá, y ella

te romperá la cerviz.»
Desesperado y soberbio,
desde entonces, ¡ay de mí!,
persigo al hombre y compito
con el sumo Adonaí.
Otra nave solamente,
imagen de ese neblí
de las aguas, nido fue
de aromas y de alhelís,
donde fénix renació
mundo nuevo, que al abril
de su hermosa primavera
crecer supo, y producir.
Espera, nave enemiga,
águila deste país,
toro de mejor Europa,
¿eres sirena o delfín?
Deja el vellón que me llevas;
vuelva, vuelva a su redil
la oveja que me arrebatas
casi con los lustros mil
que encantada la he tenido,
y como Clicie seguí
la hermosura de sus rayos,
del clavel y del jazmín.
Ya será todo expirar,
ya será todo morir,
ya llegó mi mayor pena,
ya llegó el rabioso fin,
ya feneció mi venganza,
ya Jasón triunfó de mí.

Jasón   Porque sepas que la planta
             donde estaba el Vellocino

produce fruto divino,
porque es ya una imagen santa,
Tártaro fiero, levanta
los ojos a ese madero:
verás en él un Cordero
que su púrpura derrama
en Cáliz, dando a quien ama
Vellocino verdadero.

(Suena música, y córrese una cortina y aparece encima del árbol un cordero corriendo sangre, un Cáliz y una Hostia, y en lugar de manzanas Ángeles y Serafines. Han de haber quitado las fieras.)

Idolatría Árbol que diste la muerte,
¿cómo agora das la vida?
¿Cordero y sangre vertida?
Misterio es divino y fuerte.
Con cada gota que vierte
horror me ponen delante
como a soberbio elefante.
¿Por qué ha de alcanzar blasón
un cordero de un dragón
con escamas de diamante?
   Gimo, rabio, desespero,
entre mortales enojos,
y me deslumbra los ojos
el candor de ese Cordero;
morir y verle no, quiero;
muera yo y el hombre viva;
el infierno se aperciba,
sus siete gargantas abra,
porque el Cordero es Palabra
que me ciega y me derriba.

(Húndese con ruido de cohetes tronadores, y salgan llamas por donde se hundió, con pez.)

Cantan

> El hombre, que era mortal,
> aliento de vida tome,
> que eterno será, si come
> ese Cordero legal.

(Cúbrese todo, con chirimías, con que se da fin al famoso auto del Divino Jasón.)

LIBROS A LA CARTA

A la carta es un servicio especializado para
empresas,
librerías,
bibliotecas,
editoriales
y centros de enseñanza;
y permite confeccionar libros que, por su formato y concepción, sirven a los propósitos más específicos de estas instituciones.

Las empresas nos encargan ediciones personalizadas para marketing editorial o para regalos institucionales. Y los interesados solicitan, a título personal, ediciones antiguas, o no disponibles en el mercado; y las acompañan con notas y comentarios críticos.

Las ediciones tienen como apoyo un libro de estilo con todo tipo de referencias sobre los criterios de tratamiento tipográfico aplicados a nuestros libros que puede ser consultado en www.linkgua-digital.com.

Linkgua edita por encargo diferentes versiones de una misma obra con distintos tratamientos ortotipográficos (actualizaciones de carácter divulgativo de un clásico, o versiones estrictamente fieles a la edición original de referencia).

Este servicio de ediciones a la carta le permitirá, si usted se dedica a la enseñanza, tener una forma de hacer pública su interpretación de un texto y, sobre una versión digitalizada «base», usted podrá introducir interpretaciones del texto fuente. Es un tópico que los profesores denuncien en clase los desmanes de una edición, o vayan comentando errores de interpretación de un texto y esta es una solución útil a esa necesidad del mundo académico.

Asimismo publicamos de manera sistemática, en un mismo catálogo, tesis doctorales y actas de congresos académicos, que son distribuidas a través de nuestra Web.

El servicio de «libros a la carta» funciona de dos formas.

1. Tenemos un fondo de libros digitalizados que usted puede personalizar en tiradas de al menos cinco ejemplares. Estas personalizaciones pueden ser de todo tipo: añadir notas de clase para uso de un grupo de estudiantes, introducir logos corporativos para uso con fines de marketing empresarial, etc. etc.

2. Buscamos libros descatalogados de otras editoriales y los reeditamos en tiradas cortas a petición de un cliente.